Das große Buch von kleinen Freunden

Spielen, Teilen, Danke sagen

Das große Buch von kleinen Freunden

Spielen, Teilen, Danke sagen

Geschichten von Manfred Mai
Mit Bildern von Christine Georg

Ravensburger Buchverlag

Inhaltsverzeichnis

***Ich will!*,**
sagt der kleine Fuchs
Seite 7

***Mit dir spiel ich nicht!*,**
sagt der kleine Fuchs
Seite 37

***Das kriegst du nicht!*,**
sagt der kleine Fuchs
Seite 67

***Bitte! Danke!*,**
sagt der kleine Fuchs
Seite 97

Ich will!,
sagt der kleine Fuchs

Der kleine Fuchs leckt sich die Schnauze ab.
„Hat dir das Essen geschmeckt?", fragt Mama Fuchs.
„Mhm", macht der kleine Fuchs nur.
„Hast du jetzt Durst?"
„Klar", antwortet er.

Papa Fuchs schnappt den Blecheimer und läuft damit zum Fluss. Dort füllt er den Eimer und bringt seinem Sohn Wasser. Der trinkt sich satt und legt sich dann vor dem Bau in die Sonne.

„Ist dir nicht zu warm in der Sonne?",
 fragt Papa Fuchs besorgt.
„Ein bisschen", antwortet der kleine Fuchs.
„Dann leg dich doch in den Schatten."
„Ich will aber hier liegen!"
 Da setzt sich Papa Fuchs so vor seinen Sohn
 in die Sonne, dass er im Schatten liegt.

Nach einer Weile erhebt sich der kleine Fuchs und sagt:
„Jetzt will ich spielen."
„Was denn?", fragt Mama Fuchs.
„Papa soll mich auf die Schulter setzen und dann im Kreis laufen."
Papa Fuchs seufzt zwar, will aber kein Spielverderber sein.

Am nächsten Morgen müssen Papa und Mama Fuchs durch den Fluss in den Nachbarwald.
Der kleine Fuchs will nicht in das kalte Wasser und bleibt lieber im Bau. Aber allein langweilt er sich bald.
Ich will jemanden zum Spielen, bis Papa und Mama zurückkommen, denkt er.
Also verlässt er den Bau und macht sich auf die Suche nach einem Spielkameraden.

Zuerst trifft er eine Maus. Sie sitzt auf einem Stein
und putzt sich.
„He du!", ruft der kleine Fuchs. „Hör auf, dich zu putzen!
Ich will mit dir spielen!"
Die Maus springt mit einem Satz vom Stein,
huscht zu ihrem Loch und verschwindet.

Der kleine Fuchs schnüffelt mit der Nase in das Loch und knurrt:
„Was soll denn das? Komm sofort heraus!"
„Ich denke nicht dran", piepst die Maus.
„Na warte, wenn ich dich erwische!", droht der kleine Fuchs.

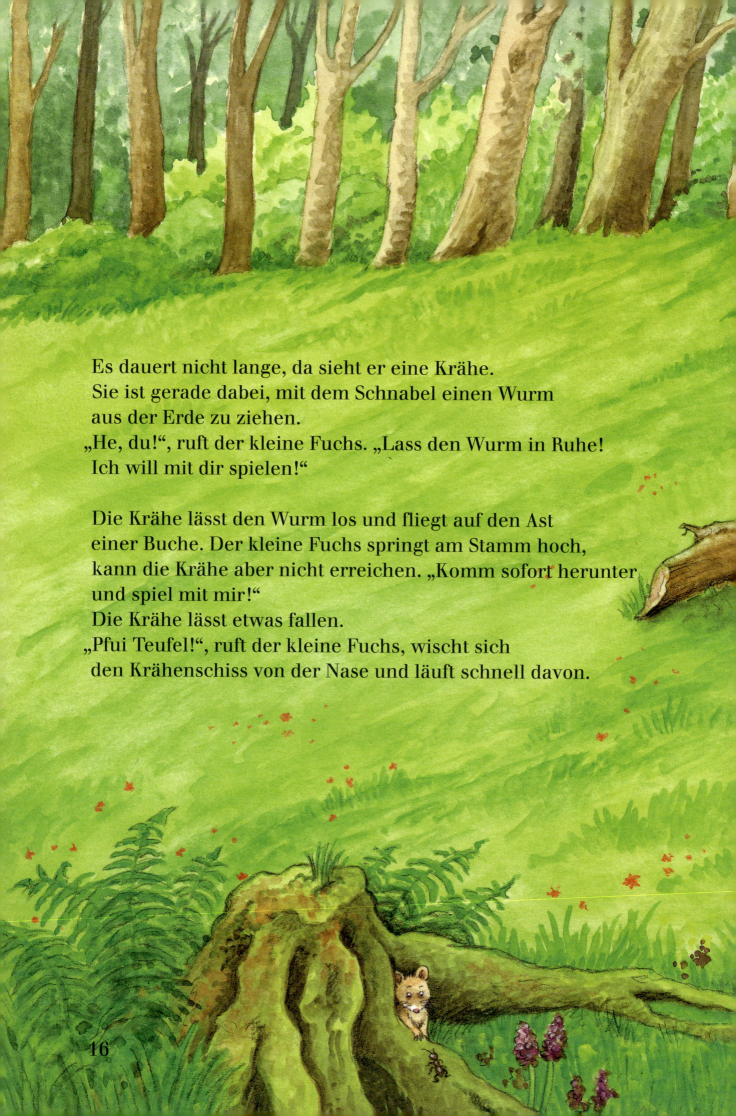

Es dauert nicht lange, da sieht er eine Krähe.
Sie ist gerade dabei, mit dem Schnabel einen Wurm
aus der Erde zu ziehen.
„He, du!", ruft der kleine Fuchs. „Lass den Wurm in Ruhe!
Ich will mit dir spielen!"

Die Krähe lässt den Wurm los und fliegt auf den Ast
einer Buche. Der kleine Fuchs springt am Stamm hoch,
kann die Krähe aber nicht erreichen. „Komm sofort herunter
und spiel mit mir!"
Die Krähe lässt etwas fallen.
„Pfui Teufel!", ruft der kleine Fuchs, wischt sich
den Krähenschiss von der Nase und läuft schnell davon.

Unter einem Holunderstrauch hat ein Igel
seine Wohnung eingerichtet.
Der kleine Fuchs ruft ihm zu: „He, du!
Ich will mit dir spielen!" Sofort rollt sich der Igel ein.

„Hast du nicht gehört, ich will mit dir spielen!",
ruft der kleine Fuchs und tritt nach dem Igel.
Im selben Augenblick jault er auf
und humpelt schimpfend davon.

„Ihr seid alle ganz blöd!", ruft der kleine Fuchs
durch den Wald. „Ihr dürft gar nicht mit mir spielen!
Ich spiele lieber allein!"
Er hebt einen Tannenzapfen auf, wirft ihn hoch und fängt
ihn wieder. Das macht er ein paarmal, dann schleudert er
ihn weit weg.
Der kleine Fuchs trottet weiter, bis er zu einer Hütte kommt.
Dort legt er sich unter eine Bank in den Schatten.

Plötzlich hört der kleine Fuchs etwas.
Er hebt den Kopf, steht auf und sieht, wie ein Eichhörnchen
einem Hasen eine Möhre schenkt.

Der Hase freut sich und knabbert ein Stück von der Möhre.
Dann spielen die beiden miteinander Verstecken.

Als der kleine Fuchs das sieht, kommt ihm eine Idee.
Schnell läuft er aus dem Wald und sucht ein Gemüsefeld.
Dort holt er eine besonders schöne Möhre.

Auf dem Weg zurück trifft er einen Hasen,
gibt ihm die Möhre und sagt: „Jetzt musst du mit mir spielen."
„Warum muss ich?", fragt der Hase.
„Weil ich dir eine Möhre gegeben habe."
Der Hase drückt dem kleinen Fuchs die Möhre
wieder in die Pfote.
„Such dir einen anderen zum Spielen – wenn du einen findest."
Und schon ist er weg.

Der kleine Fuchs versteht nicht, warum niemand mit ihm spielen will, nicht einmal der Hase, für den er extra eine Möhre gesucht hat. Er weiß nicht mehr, was er tun soll. Mit hängendem Kopf macht er sich auf den Heimweg.
Da rollt ihm etwas Rotes mit weißen Punkten vor die Füße.

„Schieß mir das Ding zurück!", sagt ein kleiner Bär.
Ohne lange nachzudenken, tritt der kleine Fuchs gegen
den Ball. Der kleine Bär stoppt ihn und kickt den Ball wieder
zum kleinen Fuchs. Der wirft ihn hoch in die Luft,
der kleine Bär fängt ihn auf und freut sich.
„Mit dem Ding kann man prima spielen", sagt er
und wirft den Ball zurück.

„Zottel, essen kommen!", ruft Mama Bär aus der Höhle.
„Komm mit", sagt Zottel zum kleinen Fuchs.
„Und nach dem Essen spielen wir weiter!"
Der kleine Fuchs nickt und läuft mit Zottel in die Höhle.
„Oh, du bringst einen neuen Freund mit", sagt Mama Bär.
„Dann müssen wir die Fische durch fünf teilen."
Der kleine Fuchs mag Fisch nicht besonders, aber er isst seine ganze Portion, ohne zu meckern.

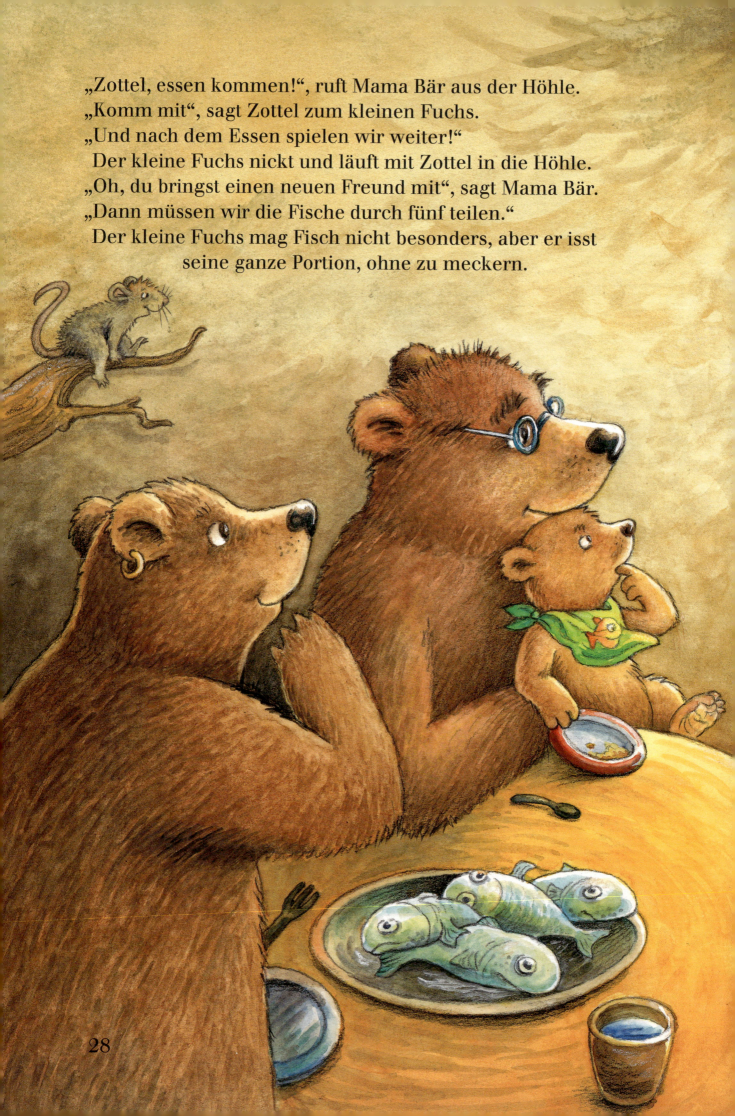

Nach dem Essen zeigt der kleine Bär dem kleinen Fuchs seine Ecke in der Höhle.
Hier hat er auch seine Schätze versteckt:
einen Schuh mit silberner Schnalle, einen Glitzerstein, eine Blechdose und zwei wunderschöne Federn.
„Woher hast du denn die Sachen?", fragt der kleine Fuchs ein wenig neidisch.
„Psst", macht Zottel. Dann flüstert er dem kleinen Fuchs ins Ohr: „Meine Schwester darf nichts davon wissen, sonst will sie alles haben."
Er nimmt die beiden Federn und verlässt mit dem kleinen Fuchs die Höhle.

„Die schenk ich dir", sagt Zottel und steckt dem kleinen Fuchs
  eine Feder an den Kopf.
„Danke", sagt der kleine Fuchs und steckt Zottel
  die andere Feder an den Kopf.
„So sieht man gleich, dass wir Freunde sind", meint Zottel.
„Und was spielen wir jetzt?", fragt er.

„Was du willst", antwortet der kleine Fuchs.

Mit dir spiel ich nicht!,
sagt der kleine Fuchs

Der kleine Fuchs und sein Freund Zottel
haben sich gestritten.
Aber jetzt vertragen sich die beiden wieder.
Heute wollen sie mit ihrem Floß fahren.
„Mit! Mit!", ruft Zottels Schwester.
„Du kannst nicht mitspielen,
du bist noch zu klein",
sagt der Fuchs.

Zottel und der kleine Fuchs
laufen schnell davon.
Auf dem Weg zum See
kommt ihnen ein Waschbär entgegen
und fragt neugierig: „Wohin geht ihr?"
„Zu unserem Floß", antwortet Zottel.
„Wir sind nämlich Piraten."
„Darf ich mitkommen?", fragt der Waschbär.
„Ich möchte auch mal ein Pirat sein."
„Hau ab!", ruft der kleine Fuchs.
„Das Floß gehört nur Zottel und mir."

„Du bist blöd!", brummt der Waschbär
und geht drohend auf ihn zu.
Der kleine Fuchs nimmt die Pfoten hoch
wie ein Boxer. Zottel stellt sich
neben ihn und sagt zum Waschbären:
„Lass meinen Freund in Ruhe!"
Der Waschbär weiß, dass er gegen zwei
keine Chance hat und trollt sich.

Als der kleine Fuchs und Zottel
am See ankommen, ist ihr Floß
nicht mehr da, wo sie es versteckt haben.
„Ohne Floß können wir keine Piraten sein",
murmelt Zottel traurig.

Der kleine Fuchs legt seinem Freund
den Arm um die Schultern und sagt:
„Komm, wir suchen unser Floß.
Es ist bestimmt hier irgendwo."
Zottel schnieft.

Der kleine Fuchs entdeckt das Floß.
Es schwimmt mitten auf dem See
und drauf sitzen ein Igel
und ein Eichhörnchen.
„Bringt sofort unser Floß zurück!",
ruft der kleine Fuchs.
„Kommt doch her und holt es euch!",
antwortet der Igel.

Der kleine Fuchs streckt einen Fuß
ins Wasser. „Brrr! Ist das kalt!
Da geh ich nicht rein."
„Und wie sollen wir unser Floß
wiederkriegen?", möchte Zottel wissen.
„Wir verstecken uns hinter dem Schilf
und warten, bis sie kommen",
antwortet der kleine Fuchs.

Die beiden legen sich auf den Bauch
und warten geduldig,
bis das Eichhörnchen und der Igel
mit dem Floß ans Ufer kommen.

Dann springen sie
mit wildem Piratengeschrei
hinter dem Schilf hervor.
Das Eichhörnchen klettert
schnell auf einen Baum
und der Igel rollt sich zusammen,
sodass ihm keiner etwas tun kann.
„Ihr dürft nie mehr mit uns spielen!",
ruft der kleine Fuchs wütend.

Zottel und der kleine Fuchs
stoßen mit dem Floß vom Ufer ab
und paddeln auf den See hinaus.
„Juhu! Wir sind Piraten!", ruft Zottel begeistert.
„Aber nur so auf dem See herumzufahren,
ist langweilig", meint der kleine Fuchs.
„Ich will ein Abenteuer erleben!"
„Pscht", macht Zottel.
„Was ist?", fragt der kleine Fuchs.
Zottel zeigt auf ein paar Enten, die er eben
in der Nähe des anderen Ufers entdeckt hat.
„Die erschrecken wir mal so richtig",
sagt der kleine Fuchs sofort.
Ganz leise paddeln sie los.

Mit lautem „Hoho!", „Ole!" und „Jippiii!"
preschen sie zwischen die schwimmenden Enten.
Die schnattern und spektakeln
aufgeregt durcheinander,
flattern hoch und fliegen weg.
Der kleine Fuchs und Zottel lachen.

Der Schwung, mit dem sie zwischen
die Enten gefahren sind,
treibt das Floß bis zum anderen Ufer.
Der kleine Fuchs will an Land gehen,
Zottel nicht.
„Wenn du nicht mitkommst,
darfst du nie mehr mit mir Pirat spielen",
droht der kleine Fuchs.

Da geht Zottel hinter seinem Freund an Land.
Aber er fühlt sich nicht wohl dabei,
denn auf dieser Seite des Sees
waren die beiden noch nie.
Der kleine Fuchs zieht sein Holzschwert
und geht voraus.

Ein Wolf kommt aus dem Wald,
bleibt vor den beiden stehen und lacht.
„Hahaha! Ihr seht ja komisch aus."
„Du hast wohl noch nie Piraten gesehen",
entgegnet der kleine Fuchs schnippisch.
„Seit wann laufen Piraten denn ängstlich
durch den Wald?", fragt der Wolf.
„Wer ist hier ängstlich?"
Der kleine Fuchs fuchtelt dem Wolf
mit seinem Schwert vor der Nase herum.
„Wir nehmen dich jetzt gefangen
und bringen dich auf unser Floß."
Der Wolf spitzt die Ohren.
„Ihr habt ein richtiges Floß?"
„Klar", antwortet Zottel.
„Das will ich sehen!",
sagt der Wolf und geht mit.

„He, das ist ja super!",
 ruft der Wolf, als sie vor dem Floß stehen.
„Damit will ich auch mal fahren."
„Du spinnst wohl", sagt der kleine Fuchs.
„Du bist doch unser Gefangener
 und wir müssen dich jetzt fesseln."
„Ich glaube, du spinnst", gibt der Wolf zurück.
„Ich lasse mich doch von euch nicht fesseln!"
„Wenn du dich nicht fesseln lässt,
 darfst du nicht mehr mitspielen",
 droht der kleine Fuchs.

Blitzschnell reißt der Wolf
dem kleinen Fuchs das Schwert aus der Hand
und die Augenklappe vom Kopf.
Dann springt er mit einem Satz aufs Floß
und stößt es vom Ufer ab.
Zottel und der kleine Fuchs sind so überrascht,
dass sie nichts tun können.

„Du hättest den Wolf aufhalten sollen",
sagt der kleine Fuchs vorwurfsvoll.
„Wie denn?", fragt Zottel.
„Mit dem Schwert. Wenn ich mein Schwert
gehabt hätte, hätte ich ihn aufgehalten",
behauptet der kleine Fuchs.
„Klar", brummt Zottel,
„du kannst ja auch alles besser."
Und weil er wütend ist,
sagt Zottel noch mehr:
„Hättest du ihn auf unserem Floß
mitfahren lassen, dann hätten wir es noch.
Aber du willst ja immer bestimmen."
Der kleine Fuchs schweigt.
In einem fremden Wald ist es besser,
mit seinem einzigen Freund nicht zu streiten.

Die beiden setzen sich schmollend ans Ufer.
„Was macht ihr denn da?", fragt plötzlich eine Stimme.
Der kleine Fuchs und Zottel drehen sich erschrocken um und sehen einen Dachs.

Zottel erzählt ihm, was passiert ist.
„So ist der Wolf immer. Der will alles
für sich allein und über alle bestimmen",
sagt der Dachs.
„Das ist ja doof", brummt Zottel
und guckt den kleinen Fuchs an.
Der schaut schnell weg.
„Sollen wir Verstecken spielen?",
fragt der Dachs.
Zottel und der kleine Fuchs nicken.
Der Dachs zählt aus
und der kleine Fuchs darf als Erster suchen.
Er drückt die Augen zu und zählt bis zehn.
Dann schaut er sich um.
Wo haben die beiden sich nur versteckt?

Die drei spielen miteinander,
bis die Sonne langsam
hinter dem Wald verschwindet.
„Wir müssen nach Hause", sagt Zottel.
„Und was ist mit unserem Floß?",
fragt der kleine Fuchs.
„Der Wolf lässt es bestimmt
irgendwo am Ufer liegen,
wenn er keine Lust mehr zum Fahren hat",
meint der Dachs. „Kommt doch morgen wieder,
dann suchen wir es."

„Au ja!", sagt Zottel. „Zu dritt ist es sowieso viel schöner als zu zweit oder allein."
Der kleine Fuchs nickt.
Der Dachs geht noch so weit mit ihnen am See entlang, bis Zottel und der kleine Fuchs den Weg nach Hause allein finden.
Dann verabschieden sie sich und freuen sich schon auf morgen.

Das kriegst du nicht!,
sagt der kleine Fuchs

Der kleine Fuchs liegt vor dem Bau
und langweilt sich.
Mama und Papa haben heute keine Zeit für ihn.
Eine Fliege summt um ihn herum.
„Verschwinde!", knurrt der kleine Fuchs
und schlägt nach ihr. Aber er trifft sie nicht.

Missmutig trottet der kleine Fuchs in den Bau
und kommt mit einem Seil zurück.
Er will damit hüpfen, verheddert sich
aber in dem langen Seil,
stolpert und fällt auf die Nase.

Da kommt ein Hase angehoppelt und sagt:
„Lass mich mal probieren, ich kann gut hüpfen."
„Das ist mein Seil, das kriegst du nicht!",
ruft der kleine Fuchs.
Enttäuscht hoppelt der Hase davon.

Der kleine Fuchs läuft wieder
in den Bau und holt sein Schiffchen.
Er setzt sich damit an den Bach
und lässt es schwimmen.
Dabei ist er so in Gedanken,
dass er den Igel gar nicht bemerkt.
„Das ist ein schönes Schiff", sagt der Igel.
„Darf ich es auch mal schwimmen lassen?"
„Nein, das hat mein Papa mir gebaut,
das kriegst du nicht!"
„Du bist doof!", sagt der Igel,
pikst den kleinen Fuchs und verschwindet.

Nach einer Weile sieht der kleine Fuchs
seinen Freund Zottel kommen.
Er holt das Schiffchen schnell
aus dem Wasser, versteckt es
zwischen zwei Steinen und wirft noch
ein paar Büschel Gras drüber.
Dann geht er Zottel entgegen.

Weil Zottel zum ersten Mal den kleinen Fuchs zu Hause besucht, möchte er gern den Fuchsbau sehen.
„Ein anderes Mal", sagt der kleine Fuchs. „Wir wollen doch zu Daxi."
„Das können wir immer noch", meint Zottel, verschwindet im Bau und schaut sich um.

„Willst du deinem Freund nicht deine Schatzkiste zeigen?", fragt Mama Fuchs.
„Pssst!", macht der kleine Fuchs und hofft, dass Zottel nichts gehört hat.
Aber der hat gute Ohren. „Was hast du für Schätze?"
„Och, das sind keine Schätze", murmelt der kleine Fuchs.
„Lass doch mal sehen!"

Der kleine Fuchs öffnet die Holzkiste nur halb und stellt sich
so breit davor, dass Zottel fast nichts erkennen kann.
„Das sind ja zwei Tröten!", ruft Zottel. „Schenkst du mir eine?"
Der kleine Fuchs klappt den Deckel schnell wieder zu.
„Die … die … die kriegst du nicht."
„Du hast doch zwei und mit beiden kannst du ja gar
nicht spielen", sagt Zottel. „Also kannst du mir eine schenken.
Ich hab dir ja auch schon mal was geschenkt."

„Wenn ihr zu zweit spielt, klingt es bestimmt viel schöner",
meint Mama Fuchs und nickt ihrem Sohn zu.
Murrend hebt der kleine Fuchs den Deckel wieder hoch,
holt die beiden Tröten heraus und gibt Zottel eine.
Der bläst sofort hinein und Mama Fuchs hält sich
die Ohren zu.
„Spielt lieber draußen!", ruft sie und schiebt die beiden
aus dem Bau.

Draußen blasen beide so kräftig
in ihre Tröten, dass es schaurig-schön klingt.
So machen sie sich auf den Weg
zu ihrem Freund Daxi.

Als sie bei Daxi ankommen, holt der schnell
seine Trommel aus dem Bau und spielt mit.
„Hört sofort mit dem Krach auf, sonst könnt ihr
was erleben!", droht der Wolf.
„Wir können spielen, solange wir wollen",
ruft der kleine Fuchs. „Der Wald gehört ja nicht dir."
„Dir zeige ich gleich ..."
„Wenn du uns sagst, wo du gestern
unser Floß versteckt hast,
hören wir auf",
verspricht Zottel.

Der Wolf führt sie zum See, dabei trötet und trommelt es hinter ihm, dass ihm fast die Ohren abfallen.
Erst als sie das Floß sehen, hören sie auf.
Zottel, Daxi und der kleine Fuchs fahren mit dem Floß auf den See hinaus und zeigen dem Wolf lange Nasen.
„Was ist denn das für ein Seil?", möchte Daxi wissen.
„Das ist meins", antwortet der kleine Fuchs.
„Und warum hast du es dabei?"
„Äh … ich … hm … einfach so."

Während die beiden reden, versucht Zottel
eine Seerose zu pflücken, aber sein Arm ist zu kurz.
Auf den Knien rutscht er bis an den äußersten Rand
des Floßes. Dann beugt er sich weit nach vorn,
streckt die Hand aus, erwischt die Seerose –
und fällt ins Wasser!

Der kleine Fuchs und Daxi hören einen Plumps,
drehen sich um und sehen ihren Freund nicht mehr.
„Wo ist Zottel?", fragt der kleine Fuchs.
Daxi kann vor Schreck nichts sagen.
Beide starren aufs Wasser.

Plötzlich taucht Zottel auf, prustet und schnappt nach Luft.
„Zottel!", rufen Daxi und der kleine Fuchs ängstlich.
„Helft mir! Ich ..." Schon geht Zottel wieder unter,
kommt aber gleich wieder hoch.

Der kleine Fuchs nimmt schnell das Seil und wirft Zottel ein Ende zu. Erst beim dritten Versuch erwischt Zottel es mit einer Pfote.
„Gut festhalten!", ruft der kleine Fuchs. Dann ziehen er und Daxi ihren Freund heran und helfen ihm aufs Floß. Zottel liegt erschöpft auf dem Rücken.

„Gut, dass ich mein Seil dabeihatte", sagt der kleine Fuchs noch ganz außer Atem.
Nach ein paar Minuten hat sich Zottel schon wieder erholt. Er steht auf und schüttelt sich, dass es nur so spritzt.
„Pfui! Hör auf!", rufen seine Freunde, die beide ziemlich wasserscheu sind.
Nach der Aufregung paddeln sie lieber wieder ans Ufer und gehen an Land.

Unterwegs findet der kleine Fuchs eine Sonnenbrille.
„He, damit sieht alles ganz anders aus!", ruft er begeistert.
„Ich möchte sie auch mal aufsetzen", bittet Daxi.
Der kleine Fuchs zögert. „Aber du musst sie mir
gleich wiedergeben."
„Klar", meint sein Freund.
Auch Zottel darf durch die dunkle Brille schauen.

Am Wegrand sitzt ein Maulwurf auf seinem Hügel.
„So eine Brille wäre gut für meine Augen."
„Die kriegst du nicht, die hab ich gefunden!",
sagt der kleine Fuchs.
„Du brauchst doch keine Brille", murmelt der Maulwurf.
„Aber ich hab sie gefunden und jetzt gehört sie mir!"

Vor dem Bau von Daxi ruhen sie sich erst mal aus.
Papa Dachs bringt ihnen etwas zu essen.
Ausgeruht und frisch gestärkt fragt Zottel: „Was tun wir jetzt?"
Daxi zeigt auf das Seil und sagt: „Damit möchte ich gern hüpfen."
„Das Seil ist zu lang zum Hüpfen", sagt der kleine Fuchs sofort.
„Lass ihn doch mal probieren. Er kann das Seil ja nicht
kaputtmachen, er fällt höchstens auf die Nase", meint Zottel.
Der kleine Fuchs gibt Daxi das Seil. Der versucht,
damit zu hüpfen und fällt tatsächlich auf die Nase.
„Hahaha!", lacht der kleine Fuchs.

„Ich hab eine Idee", sagt Zottel. „Für einen allein
ist das Seil zu lang, aber für uns drei ist es genau richtig."
„Ich will aber zuerst hüpfen, weil das Seil mir gehört!"
Zottel und Daxi sind einverstanden. Sie stellen sich
auf und schwingen das Seil, der Fuchs hüpft.
Weil ihn die Sonnenbrille dabei stört,
wirft er sie ins Gebüsch.
„Ich brauch sie sowieso nicht."

Zottel und Daxi sehen sich nur an, sagen jedoch nichts. „Jetzt bin ich dran", sagt Zottel, drückt dem kleinen Fuchs das Seilende in die Hand und macht sich bereit zum Hüpfen. Abwechselnd schlingen und hüpfen sie und alle drei haben viel Spaß dabei.

Bitte! Danke!,
sagt der kleine Fuchs

Der kleine Fuchs liegt vor dem Bau
und weiß nicht recht, was er tun soll.
Soll er alleine spielen oder soll er
zu seinem Freund Zottel gehen?
Während er noch überlegt, sieht er
jemanden näher kommen.
Es ist Tante Fuchs.
Sie hat eine große Tasche bei sich.

„Sind da Geschenke für mich drin?",
ruft ihr der kleine Fuchs entgegen.
„Begrüßt man so seine Tante?", tadelt sie ihn.
„Sag erst mal anständig Guten Tag,
wie es sich gehört!"
„Tag", brummt der kleine Fuchs.

Sie stellt die Tasche ab. Der kleine Fuchs
schnuppert sofort daran und will sie öffnen.
„Pfoten weg!", sagt Tante Fuchs.
„Das macht man nicht!"
„Ich will aber wissen, was da drin ist."
„Ich will aber …" Tante Fuchs wackelt mit den Ohren.
„Das hör ich gar nicht gern. Wie sagt ein braves Füchslein?"
Weil der kleine Fuchs unbedingt wissen möchte,
was die Tasche enthält, tut er seiner Tante
den Gefallen und sagt: „Bitte!"
„Na siehst du, es geht doch."

Tante Fuchs tätschelt ihm den Hinterkopf.
„Und weil du so schön Bitte gesagt hast, bekommst du auch gleich dein Geschenk."
Sie öffnet die Tasche, holt einen Würfel heraus und gibt ihn dem kleinen Fuchs.
„Na, was höre ich?"
„Ist das alles?"
„Du bist vielleicht ein ungezogenes Füchslein!", ruft Tante Fuchs empört.

103

Mama Fuchs und Papa Fuchs begrüßen Tante Fuchs.
Auch sie bekommen ein Päckchen und bedanken sich.
„Warum schenkst du Mama und Papa etwas?
Die sind doch schon groß."
„Wenn man zu Besuch kommt, bringt man ein kleines
Geschenk mit, das gehört sich so", antwortet Tante Fuchs.

104

„Und was ist drin?", fragt der kleine Fuchs neugierig.
„Abwarten", antwortet Tante Fuchs.
Abzuwarten fällt dem kleinen Fuchs schwer.
Damit er Ruhe gibt, öffnet Mama Fuchs
das Päckchen. Ein Bild kommt zum Vorschein.
„Gefällt es euch?", fragt Tante Fuchs.
„Es ist sehr schön", antwortet Mama Fuchs. „Vielen Dank!"
Papa Fuchs nickt. Doch man sieht ihm an, dass er von
dem Geschenk nicht gerade begeistert ist.

Mama Fuchs bittet Tante Fuchs in den Bau.
„Setz dich bitte. Du hast doch bestimmt Hunger
nach dem langen Weg."
„Danke."
Es gibt Hühnchen, das Leibgericht vom kleinen Fuchs.
Er greift kräftig zu genau wie Papa Fuchs. Und man hört,
dass es beiden hervorragend schmeckt.
Tante Fuchs räuspert sich und schaut vorwurfsvoll
von einem zum andern.
„Das Hühnchen schmeckt bestimmt genauso gut,
wenn man es geräuschlos isst", sagt sie.
„Da glau i ni", drückt der kleine Fuchs
mampfend heraus.
„Mit vollem Mund spricht man nicht",
tadelt ihn Tante Fuchs.

Diesmal bleibt Tante Fuchs nicht nur für einen Tag, diesmal bleibt sie länger, weil die Menschen eine neue Straße bauen und sie nicht mehr in ihrem Bau wohnen kann. Das findet der kleine Fuchs zwar schlimm und seine Tante tut ihm leid, trotzdem geht sie ihm oft auf die Nerven. Er weiß selbst, dass man Bitte und Danke sagen soll,
aber manchmal hat er einfach keine Lust dazu.
Und wenn sie dann noch anfängt,
den ganzen Bau zu putzen,
verschwindet der
kleine Fuchs lieber.

Er will zu seinem Freund Zottel,
damit er eine Weile seine Ruhe hat. In der Nacht
hat es geschneit und der Schnee verdeckt den Weg.
Der kleine Fuchs verläuft sich und weiß bald
nicht mehr, wo er ist.

Da kommt ihm der Waschbär entgegen,
den der kleine Fuchs beim Spielen nie dabeihaben will.
Trotzdem fragt er ihn jetzt: „Kennst du den
Weg zu meinem Bau?"
„Klar."
„Dann zeig ihn mir, bitte, bitte!"
„Und wenn du zehnmal Bitte-Bitte sagst, dir zeig ich
den Weg nicht!", brummt der Waschbär und verschwindet.

Frierend und weinend trottet der kleine Fuchs weiter.
„Was ist denn mit dir los?",
hört er plötzlich jemanden fragen.
Der kleine Fuchs schaut hoch und sieht den Wolf.
„Du hast dich verlaufen, was?", fragt ihn der Wolf.
Der kleine Fuchs nickt und murmelt: „Kannst du mir den Weg zu meinem Bau zeigen?"
„Na, dann will ich mal nicht so sein, auch wenn du nicht gerade mein Freund bist."

Der Wolf läuft so schnell durch den Wald,
dass der kleine Fuchs ihm kaum folgen kann.
Vor dem Bau muss er erst mal durchatmen.
„Danke", sagt er dann, „vielen Dank!"
„Bitte, bitte!", ruft der Wolf und läuft weiter.

Ein paar Tage später gehen Tante, Mama, Papa Fuchs und der kleine Fuchs spazieren. Unterwegs kommen sie an der Bärenhöhle vorbei. Zottel und seine Schwester spielen mit dem Ball.
„Ich will bei Zottel bleiben!", ruft der kleine Fuchs sofort.
„Wie heißt das?", fragt Tante Fuchs.
„Darf ich bei Zottel bleiben?"
Mama Fuchs und Papa Fuchs schauen sich an – und nicken.
„Aber du kommst nach Hause, wenn die Sonne hinter dem Wald verschwindet",
sagt Mama Fuchs.

Der Dachs, der Igel und der Wolf kommen auch noch vorbei.
„Wir spielen Fußball", schlägt der Wolf vor.
„Ich will aber mit Zottel spielen!", ruft der kleine Fuchs.
„Wir losen aus, das ist gerecht", sagt der Wolf.
Der kleine Fuchs kommt mit dem Wolf und dem Igel in eine Mannschaft, was ihm gar nicht gefällt. Der Wolf schickt den Igel ins Tor. Im anderen Tor steht Zottels Schwester. Anfangs kickt der kleine Fuchs nur lustlos mit und es dauert nicht lange, bis die andere Mannschaft 1:0 in Führung geht.

„He, was ist los?", meckert der Wolf.
„Willst du, dass wir verlieren?"
Nein, verlieren will der kleine Fuchs nicht.
Er strengt sich mehr an und spielt mit dem Wolf
gut zusammen. Einmal schießt der Wolf Zottels Schwester
gegen den Bauch, dass sie umfällt.
„Super gehalten!", rufen Zottel und der Dachs.
Doch gegen den nächsten Schuss vom Wolf hat sie
keine Chance. Damit steht es 1:1.

**Wenig später umspielt der Wolf Zottel
und schiebt den Ball dem kleinen Fuchs vor die Füße.
Der schießt ihn an Zottels Schwester vorbei ins Tor.
„Toooor!", jubelt er und hüpft vor Freude über den Platz.
Jetzt ist er doch froh, dass er mit dem Wolf
und dem Igel in einer Mannschaft spielt.**

Die Sonne ist längst untergegangen, als der kleine Fuchs
den Bau betritt.
„Entschuldigung", murmelt er.
„Du solltest doch hier sein, wenn die Sonne hinter dem Wald
verschwindet", tadelt ihn Mama Fuchs.
„Ich ... wir ..."
„Weißt du, im Wald gibt es viele Gefahren", erklärt ihm Papa Fuchs.
„Wenn du nicht pünktlich bist, machen wir uns Sorgen.

Du könntest dich vielleicht verlaufen haben oder in eine Grube gefallen sein."
„Mir ist ja nichts passiert", nuschelt der kleine Fuchs.
„Trotzdem …"
„Er hat sich ja entschuldigt", nimmt ihn Tante Fuchs in Schutz.
„Und nächstes Mal kommt er bestimmt pünktlich."
Der kleine Fuchs nickt.

Den ganzen Winter über bleibt Tante Fuchs. Manchmal nervt sie den kleinen Fuchs ziemlich. Manchmal findet er es auch schön, dass sie da ist, weil sie ihm immer tolle Geschichten vorliest. Einmal hört er gespannt zu und popelt dabei in der Nase. „Aber, aber", sagt Tante Fuchs, „das macht man nicht!"

„Das … das macht Papa auch", verteidigt sich
der kleine Fuchs.
„Ich?", fragt Papa Fuchs und tut empört.
„Das hab ich schon oft gesehen",
behauptet der kleine Fuchs.
„Auch wenn du es heimlich machst."
Papa Fuchs senkt den Kopf,
dass man sein Gesicht nicht sieht.

An einem schönen Tag im Frühjahr packt Tante Fuchs
ihre Tasche. „Wo gehst du hin?", fragt der kleine Fuchs.
„Es wird Zeit, dass ich mir einen neuen Bau suche",
antwortet sie.
„Warte!", sagt er und läuft zu seiner Schatzkiste.
„Ich hab etwas für dich!" Der kleine Fuchs gibt ihr
ein selbst gemaltes Bild. Tante Fuchs ist gerührt.
„Jetzt musst du aber auch Danke sagen!",
ruft der kleine Fuchs.
„Ja natürlich, da hast du Recht."
Tante Fuchs streicht ihm über den Kopf.
„Danke, mein Kleiner!", sagt sie lächelnd.
Mama und Papa schauen sich an und schmunzeln.

Quellenverzeichnis

***Ich will!*,**
sagt der kleine Fuchs
© Ravensburger Buchverlag

· ·

***Mit dir spiel ich nicht!*,**
sagt der kleine Fuchs
© Ravensburger Buchverlag

· ·

***Das kriegst du nicht!*,**
sagt der kleine Fuchs
© Ravensburger Buchverlag

· ·

***Bitte! Danke!*,**
sagt der kleine Fuchs
© Ravensburger Buchverlag

· ·

Bibliografische Information der Deutschen Nationalbibliothek:

Die Deutsche Nationalbibliothek verzeichnet diese Publikation
in der Deutschen Nationalbibliografie.
Detaillierte bibliografische Daten sind im Internet
über **http://dnb.d-nb.de** abrufbar.

1 2 3 4   17 16 15 14

© 2014 Ravensburger Buchverlag Otto Maier GmbH
Postfach 1860 · 88188 Ravensburg
Illustration: Christine Georg
Text: Manfred Mai
Printed in Germany
ISBN 978-3-473-44637-7
www.ravensburger.de